LA LUNE

LA LUNE

Avant de commencer, il faut être très clair sur une chose...

Qu'est-ce que la Lune ?

La Lune est un satellite naturel.

Mais qu'est-ce qu'un satellite ? Un satellite est un objet céleste qui orbite autour d'une planète. Autrement dit, il tourne autour d'elle.

La Lune, qui tourne autour de la Terre, est le seul satellite naturel de notre planète. Mais il existe des centaines de satellites naturels dans notre système solaire.

LES MOUVEMENTS DE LA LUNE

La Lune ne cesse de se déplacer : elle n'est jamais immobile !

Saviez-vous que la Lune met 28 jours à faire une révolution autour de la Terre ? Ce parcours est connu sous le nom de "mouvement de révolution".

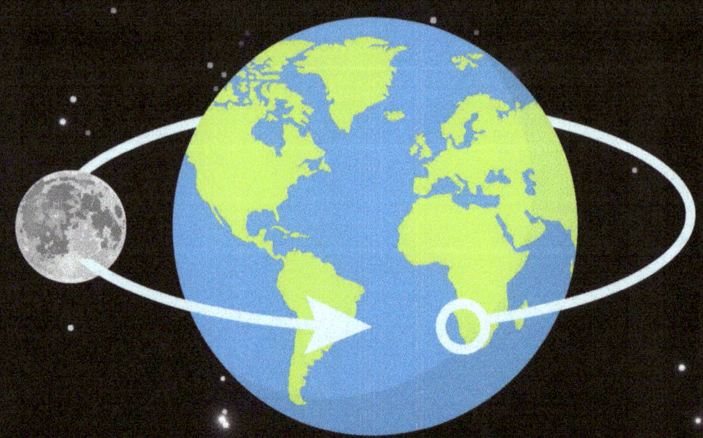

Et ce n'est pas tout ! La Lune exécute aussi un autre mouvement : la rotation. Par ce mouvement, la Lune tourne sur elle-même, un peu comme une toupie ou comme une ballerine qui tournoie sans bouger du même endroit. Et devinez quoi, ce mouvement dure également 28 jours ! Étonnant, n'est-ce pas ?

Alors, lorsque vous regarderez la Lune, n'oubliez pas qu'elle fera sa merveilleuse danse cosmique !

LES DEUX FACES DE LA LUNE

Vous vous êtes déjà demandé pourquoi on voit toujours la même face de la Lune ?

Tout simplement parce qu'elle met le même temps à faire le tour de son axe qu'à faire le tour de la Terre.

Imaginez que vous êtes au centre d'une pièce et qu'un de vos amis se trouve à quelques mètres, devant vous. Votre ami tourne en rond dans la pièce et vous regarde tout le temps. C'est ce qui se passe avec la Lune et la Terre !

Si la Lune a une face toujours visible, elle a aussi une face cachée mystérieuse qu'on ne voit jamais depuis la Terre.

LES FORMES DE LA LUNE

Pourquoi la Lune n'a-t-elle pas toujours la même apparence dans le ciel ? Partons à la découverte du mystère des phases de la lune !

En observant la lune pendant plusieurs jours, on remarque qu'elle change de forme. On appelle ces changements les phases de la Lune, qui se répètent tous les 28 jours.

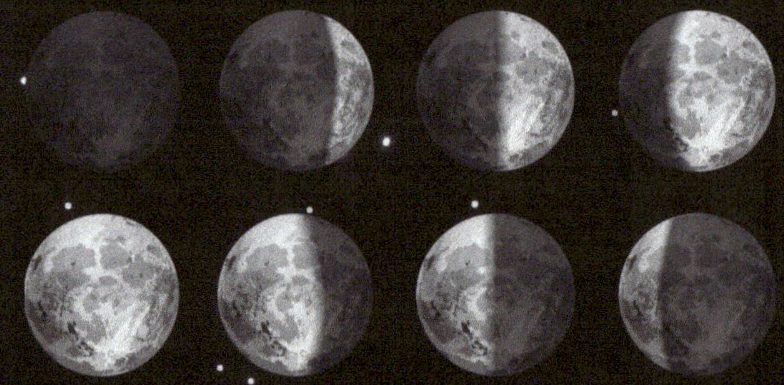

La première chose à savoir c'est que la Lune n'a pas de lumière propre. Alors, pourquoi la voit-on briller la nuit ? Cela est dû à l'effet "miroir". La lumière du Soleil se reflète sur la Lune et voilà pourquoi nous la voyons illuminée dans le ciel.

Au fil de sa course autour de la Terre, la Lune reçoit plus ou moins de lumière du Soleil, suivant sa position. C'est ce qui fait que nous voyons la Lune différemment chaque nuit !

Ne vous en faites pas, vous comprendrez mieux ci-dessous...

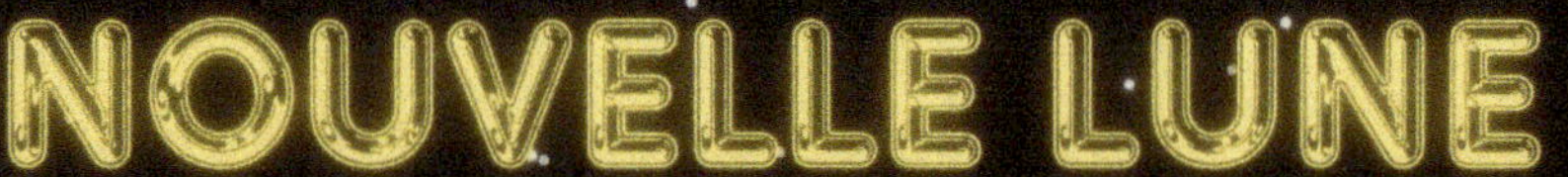

NOUVELLE LUNE

Dans cette phase, la Lune se trouve entre la Terre et le Soleil.

Sa face éclairée est orientée vers le Soleil et sa face cachée vers la Terre.

Ainsi, la Lune est peu visible dans le ciel ou, comme dans certains cas, on ne la voit pas du tout.

PREMIER QUARTIER

Cela se produit 7 jours et demi après la nouvelle Lune.

A ce stade, une partie de la face éclairée de la Lune fait face à la Terre. Depuis la Terre, on observe un demi-cercle éclairé.

Cette pleine Lune a lieu environ deux semaines après la nouvelle Lune

Dans cette phase, la Terre se situe entre la Lune et le Soleil.

On peut donc voir toute la partie éclairée de la Lune dans le ciel. Elle semble "pleine", complète.

Au cours de cette phase de la Lune, on voit la moitié opposée de la face éclairée que l'on voyait pendant le premier quartier.

Ensuite, la Lune continue de rétrécir jusqu'à ce qu'il disparaisse complètement, et le cycle recommence avec une nouvelle Lune.

PREMIER QUARTIER OR DERNIER QUARTIER?

Voici une astuce simple pour savoir si la Lune est en phases « Premier » ou « Dernier » quartier :

- Quand la Lune est en phase de premier quartier, elle a la forme d'un "D".
- Quand elle est en phase de dernier quartier, elle a la forme d'un "C".

- "Forme en « C »
- Cela diminue
- Dernier quartier

- Forme en « D »
- Croît
- Premier quartier

Ainsi, la Lune en phase de premier quartier aura son côté droit visible et en phase de dernier quartier, ça sera son côté gauche qui sera éclairé.

LA LUNE S'ÉLOIGNE DE LA TERRE

La distance moyenne entre la Terre et la Lune est de 384 400 km, mais...

Saviez-vous que la Lune s'éloigne de la Terre de près de 4 cm par an (3,82 cm exactement) ?

Autrement dit, il y a longtemps, la Lune était plus proche de la Terre et dans le futur, on la verra plus éloignée de nous.

Dans le passé

À l'avenir

LES PREMIERS HOMMES SUR LA LUNE

Le 20 juillet 1969, les astronautes de la mission Apollo 11 se sont posés sur la Lune.

Le commandant Neil Armstrong est ainsi devenu le premier homme à marcher sur la Lune, suivi par le pilote Buzz Aldrin.

Ils ont prélevé des échantillons de roche, déployé un drapeau et sont revenus en héros.

Le moment était très marquant et la planète entière a suivi l'événement.

LA GRAVITÉ SUR LA LUNE

La gravité fonctionne comme un puissant aimant qui nous attire vers le sol. Quand on lance un objet en l'air, c'est la gravité qui le fait retomber rapidement sur le sol.

Sur Terre, cet "aimant" est très puissant, mais sur la Lune, il est plus faible.

Si vous vous trouviez sur la Lune, vous pèseriez moins lourd !

Le poids d'un objet sur la Lune est environ 6 fois moins important que sur Terre.

Par exemple : si vous pesez 30 kg sur Terre, sur la Lune vous pèseriez environ 5 kg (exactement 4,96 kg).

30 kg

5 kg

LES CRATÈRES DE LA LUNE

Les cratères sur la Lune sont des trous qui se forment à sa surface à la suite de l'impact d'astéroïdes et de météorites.

La Lune en compte des milliers, à cause de tous les impacts qu'elle a subis pendant des millions d'années.

Les cratères sont donc comme des cicatrices lunaires.

Chaque fois que vous regardez la Lune, dites-vous que ces cratères font partie de son incroyable aventure spatiale !

Et là, ça se termine !

J'espère que vous l'avez aimé et appris de nouvelles choses.

A la prochaine !

Je tiens à vous demander une petite faveur pour que ce livre puisse toucher un plus grand nombre de personnes : attribuez-lui un avis sincère sur la plateforme où vous l'avez acheté.

Avec ce petit geste, vous m'aiderez à réaliser de nouveaux projets.

J'ai hâte de commencer à créer mon prochain livre pour vous !

Merci d'avance de prendre le temps de partager votre expérience. J'apprécie votre aide!

À bientôt !

APPRENEZ AVEC NOS
LIVRES ÉDUCATIFS POUR ENFANTS

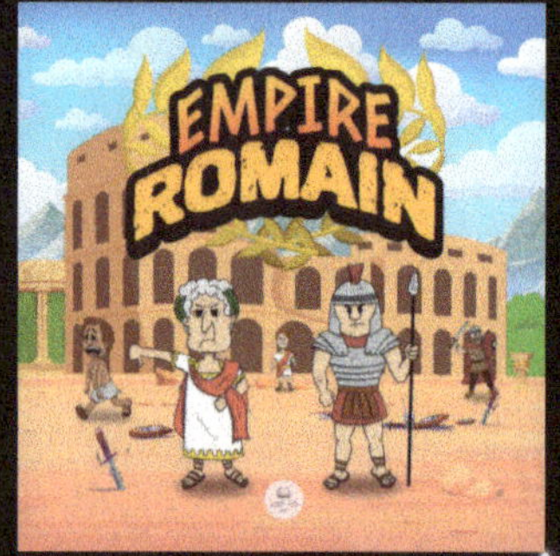

Avez-vous des idées pour un nouveau livre ? J'adore entendre les pensées et les suggestions de mes jeunes lecteurs !

S'il y a un sujet que vous aimeriez voir abordé dans un prochain livre, faites-le-moi savoir ! Contactez-moi par e-mail et j'examinerai votre suggestion. N'oubliez pas que cela doit être un sujet éducatif !

 contacto@samueljohnbooks.com

Samuel John
BOOKS

www.pge.me/pourenfants
contacto@samueljohnbooks.com
www.amazon.com/author/samueljohnbooks